PRÁCTICA POSITIVA

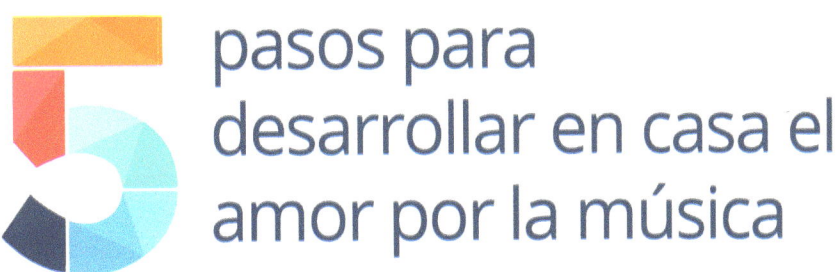 pasos para desarrollar en casa el amor por la música

Christine E. Goodner

© 2022 Christine E. Goodner

Práctica positiva: 5 pasos para desarrollar en casa el amor por la música

Primera edición
Brookside Suzuki Strings, LLC
Hillsboro, Oregon

Edición: Lucie Winborne
Traducción: María del Mar Cerdas-Ross
Servicios de publicación y diseño: Melinda Martin, MartinPublishingServices.com

Práctica positiva: 5 pasos para desarrollar en casa el amor por la música se encuentra protegido por derechos de autor. Ninguna parte de este libro se podrá utilizar o reproducir de ninguna forma sin la autorización por escrito, excepto en el caso de citas breves incluidas en artículos críticos o reseñas. Impreso en Estados Unidos de América. Todos los derechos reservados.
Español: ISBN 978-0-9991192-8-0 (impreso), ISBN 978-0-9991192-9-7 (epub)
English: ISBN 978-0-9991192-3-5 (print), ISBN 978-0-9991192-4-2 (epub)

DEDICATORIA

A todos los padres

que trabajan con sus hijos

mientras aprenden a tocar un instrumento.

Que sepan

que hacen una diferencia,

aún si sus hijos nunca se los digan.

INTRODUCCIÓN
PRÁCTICA POSITIVA: 5 PASOS PARA DESARROLLAR EN CASA EL AMOR POR LA MÚSICA

¿QUÉ ES LA PRÁCTICA POSITIVA?

¿La práctica positiva significa que todos están felices y positivos cada minuto de práctica juntos?

¿Es siquiera realista esperar que la práctica sea positiva?

En su nuevo libro *Cambia tu entorno, cambia tu vida: La fuerza de voluntad ya no es suficiente* (título original, *Willpower Doesn't Work: Discover the Hidden Keys to Success*), Benjamin Hardy habla sobre las recientes investigaciones sobre la felicidad y cómo le da a las personas la idea equivocada de que debemos sentirnos positivos para poder obtener resultados positivos.[1]

Como padres de familia, cuando practicamos música con nuestros hijos descubrimos rápidamente que hay un rango de emociones, tanto nuestras como de nuestros hijos, en el lapso de una semana y hasta en una misma sesión de práctica. ¿Eso quiere decir que estamos haciendo algo mal? ¿Es una señal de que la música no es "lo de" nuestro hijo o hija?

Cuando hablo de práctica positiva no quiero decir que todos se sentirán "felices" todo el tiempo. Esa es una buena meta y es maravilloso cuando ocurre.

Pero practicar un instrumento o tomar clases de música es trabajo duro. Hasta los músicos profesionales tienen dificultades al practicar y muchos dicen que si bien aman tocar su instrumento, no siempre aman practicar. Entonces, hasta para los profesionales, practicar no siempre es felicidad y positivismo.

Cuando sus hijos recién empiezan con sus clases, escucho a muchos padres decir que quieren ver si a sus hijos les gusta o que sólo quieren que se diviertan. Creo que ese es un excelente abordaje para una clase de pintura o para probar con el fútbol.

Sin embargo, diría que aprender a tocar un instrumento se debe ver como un compromiso a largo plazo. Es una habilidad que requiere desarrollarse con el tiempo, como la adquisición de un idioma o aprender a leer.

Como padres, entendemos el valor de la alfabetización. Aquellos que amamos la lectura, queremos ver cómo ese amor se desarrolla también en nuestros hijos. No obstante, eso no quiere decir que cada paso del camino mientras nuestro hijo o hija aprende a leer será divertido. No significa que no hay retos. Persistimos porque sabemos que es parte de un proceso y porque el resultado final vale todo el trabajo duro.

INTRODUCCIÓN

Aprender a tocar un instrumento es muy parecido. Es difícil y las etapas iniciales requieren de mucho esfuerzo y apoyo del padre de familia. Pero eso tampoco significa que tiene que ser una experiencia negativa.

Cuando practicamos con nuestros hijos podemos abordar diferentes partes de la práctica y adaptar la forma en que trabajamos con nuestro hijo o hija de acuerdo a sus necesidades individuales. Podemos pensar que estamos en el mismo equipo, trabajando juntos para lograr hacer las tareas para la clase siguiente.

Luego de enseñar a estudiantes durante los últimos 19 años y criar a dos hijas con quienes practiqué, he visto la importancia de ayudarle a los niños y niñas a desarrollar su propia motivación interior y el amor por la música a través de la práctica.

Una práctica se siente positiva cuando avanzamos. Resulta positiva cuando establecemos una buena relación de trabajo con nuestro hijo o hija y ellos están dispuestos a hacer el trabajo duro de la práctica.

La práctica es positiva cuando no vemos el papel del niño como el de obedecer nuestras demandas, sino más bien como una oportunidad para enseñarles mientras aprenden a enfocar su atención y a no abandonar algo aún cuando no es fácil enseguida.

Esta guía le llevará a través del proceso que uso para ayudar a los padres y madres de familia a aprender a practicar de manera más positiva.

Esto no quiere decir que a veces la práctica en casa no será difícil o frustrante. Algunos días su hijo o hija no querrá arrancar y no tendrá ganas de practicar mágicamente antes de que usted se lo pida. Hasta los músicos profesionales tienen estas dificultades.

Pero sí quiere decir que podemos hacer que la práctica sea más positiva y ayudarle a nuestros hijos e hijas a practicar de una forma más involucrada. Nos da un hoja de ruta para simplificar las cosas y hacerlas más productivas.

Cuando recientemente le pregunté a más de cien padres y madres de familia cuál era la mejor parte de practicar con sus hijos e hijas, las principales áreas para ellos fueron: ver cómo mejora la habilidad de sus hijos para tocar el instrumento, el vínculo que se desarrolló entre ellos y su hijo o hija, y ver cómo sus hijos e hijas desarrollaron cualidades de carácter como enfoque, perseverancia y ética de trabajo.

Esos son los resultados positivos que nos gusta ver como padres y esta guía les ayudará a aprender a hacer justo eso.

INTRODUCCIÓN

UNA NOTA PARA LOS PADRES Y MADRES DE FAMILIA

Gracias por invertir en la educación musical de sus hijos e hijas. Al estudiar música, los niños y las niñas obtienen gran cantidad de beneficios que van mucho más allá de las habilidades propias que aprendieron con sus instrumentos.

Los adultos que estudiaron música de niños a menudo reportan beneficios como aprender a enfocar sus pensamientos, apreciación por la música y la habilidad de dividir los problemas grandes en partes pequeñas y manejables.

La práctica en casa no siempre es fácil para los estudiantes o para los padres y madres que tratan de ayudarles a sus hijos e hijas a practicar. A menudo escucho a padres de familia decir que la práctica en casa se ha convertido en una pelea diaria con sus hijos. Esa no es una situación sostenible para aprender música ni para nuestra relación con nuestros hijos e hijas.

El trabajo del estudiante de música es practicar. Sin embargo, como padres podemos tener un profundo impacto en el entorno en que practican, en la comprensión de lo que implica la práctica y en ayudarles a desarrollar destrezas para practicar.

No podemos controlar los estados de ánimo de nuestros hijos ni su comportamiento, pero podemos ayudarles a que aprendan a hacerlo. Podemos ayudarles a aprender a hacer una transición exitosa para empezar la práctica y podemos practicar con ellos (o ayudarles a practicar) de una manera que dé impulso y motivación. También podemos aprender a poner el foco en el buen comportamiento y las buenas destrezas de práctica que vemos desarrollarse y recompensarlas para que a lo largo del tiempo estas cosas mejoren.

Esta guía le ayudará a usar un proceso de cinco pasos que le servirá a usted, el padre de familia, a reducir el conflicto con su hijo o hija conforme aprenden a practicar con su instrumento.

Este proceso se basa en mi propia experiencia, investigación y trabajo con familias a lo largo de los últimos 19 años en que he dado clases. Considero que una gran parte de mi trabajo es ayudar a padres y madres a resolver problemas en esta área porque sé el impacto que tiene en las familias y en el éxito de los estudiantes en la música a largo plazo, incluyendo el de mis propias hijas.

INSTRUCCIONES
CÓMO USAR ESTA GUÍA

Recomiendo leer esta guía completa hasta el final para obtener una idea de lo que involucra el proceso.

Luego, tomaría una sección a la vez y observaría detenidamente la práctica en casa con su hijo o hija con esa sección en mente. Cada sección tiene una pregunta que hacerse. Estas cinco preguntas se convertirán en parte de su rutina diaria de práctica y le ayudarán a crear sesiones de práctica apacibles y productivas.

Una serie de preguntas al final de cada capítulo le servirá de guía para reflexionar y aplicar las ideas a su situación.

Estas son páginas disponibles para tomar sus propios apuntes y responder preguntas en esta guía. Si adquirió una copia digital o prefiere imprimir páginas separadas para escribir en ellas, puede descargar una copia de las hojas de bitácora en **www.SuzukiTriangle.com/Practicapositiva**

Aquí es donde se darán verdaderos cambios: responder las preguntas y luego probar las ideas con su hijo o hija.

No todas las ideas funcionarán para su familia, pero muchas se pueden modificar según sea necesario. Me dará gusto poder ayudarle a resolver problemas si se une al grupo taller en línea que acompaña esta guía.

Es posible transformar sus prácticas en casa con su hijo o hija en momentos apacibles y productivos y me emociona poder ayudarle a hacer justo eso.

EL PAPEL DE LOS PADRES Y MADRES DE FAMILIA

DESARROLLAR LA MENTALIDAD PARA UNA PRÁCTICA APACIBLE Y PRODUCTIVA

Su hijo o hija ha empezado en clases y usted es parte del proceso: ya sea practicando con ellos muy de cerca o al menos asegurándose de que tengan tiempo para la práctica diaria.

Su papel como padre o madre es más importante de lo que pueda imaginar.

Las investigaciones demuestran que uno de los principales factores en el éxito a largo plazo de un estudiante de música es el compromiso de sus padres con el proceso.[2]

Creo que eso se debe a que, como padres, tratamos distinto a las actividades si nuestros hijos e hijas sólo las están probando versus si están comprometidos con ellas a largo plazo. Por ejemplo, mis hijas pasaron por etapas en las que odiaban cepillarse los dientes –lograr que lo hicieran era algo así como una tortura.

Pero porque queríamos que tuvieran dientes saludables al llegar a la adultez, no podíamos simplemente decidir que esta actividad "no era para ellas" y dejar que no la hicieran. En cambio, buscamos formas para que fuera más tolerable y agradable hasta que con el tiempo se convirtió en un hábito.

Conseguimos cepillos de dientes coloridos y compramos tubos de pasta de dientes con dibujos animados, cantamos canciones infantiles sobre lavarse los dientes hasta que más adelante se empezaron a lavar los dientes sin dar una batalla.

Cuando doy charlas a padres en talleres y otros eventos, me gusta empezar preguntando por qué quieren que sus hijos e hijas estudien música o qué beneficios conocen sobre estudiar música a largo plazo.

EL PAPEL DE LOS PADRES Y MADRES DE FAMILIA

Obtenemos listas maravillosas, incluyendo:

- Concentración
- Amor por la música
- Perseverancia
- Atención a los detalles
- Empatía
- Desarrollo de una ética de trabajo
- Aprender sobre cómo aprender

Como padres quizás no estemos demasiado preocupados de si nuestro hijo o hija seguirá tocando su instrumento en la vida adulta. Sin embargo, la mayoría queremos que desarrollen características de la lista de beneficios que recién mencioné.

Si queremos desarrollar estas cosas y decidimos que estudiar música es un valor en nuestra familia, entonces necesitamos encontrar formas para no rendirnos mientras se convierte en un hábito de ellos, como ocurrió con mis hijas y su cepillada de dientes.

¿En este momento, las prácticas en su casa significan frustración y discusiones?

Por favor debe saber que no tiene que ser así. Esta guía le llevará por los mismos pasos que yo utilicé para practicar con mis propias hijas y para ayudarles a los padres de familia con quienes trabajo en mi estudio a practicar de manera más apacible y productiva con sus hijos e hijas.

Le insto a empezar por comprometerse con ayudar a que su hijo o hija aprenda a practicar, que es una destreza en sí misma, además de aprender las habilidades para tocar un instrumento.

Por favor mantenga la mente abierta conforme avanzamos por estas lecciones. Una práctica que funcione para su hijo o hija puede verse muy distinta a lo que usted imaginó que sería. Le motivo a mantenerse abierto al hecho de que lograr que esto funcione en su familia puede requerir de un abordaje distinto.

Mientras que para nosotros los adultos esto a veces se siente como trabajo adicional, es bueno recordar que un abordaje de talla única rara vez funciona para algo en la vida.

Si nuestros hijos e hijas van a crecer y tener éxito en cualquier cosa que hagan, deben aprender a trabajar con su propio conjunto único de fortalezas, a encontrar soluciones alternativas y desarrollar las áreas que son más difíciles para ellos.

Usamos la música para hacer justo eso.

EL PAPEL DE LOS PADRES Y MADRES DE FAMILIA

PREGUNTAS POR RESPONDER

¿Qué es lo más difícil al empezar la práctica en su casa?

¿Qué le gustaría ver que cambie?

EL PAPEL DE LOS PADRES Y MADRES DE FAMILIA

¿Qué es lo más difícil de empezar la práctica en su casa?

_____
_____
_____
_____
_____
_____

¿Qué le gustaría ver que cambie?

_____
_____
_____
_____
_____
_____

ANTES DE EMPEZAR

UN PEQUEÑO DESCARGO DE RESPONSABILIDAD

No puedo prometer que nunca más habrá conflictos relacionados con la práctica. Lo que sí puedo decir es que si pone estas ideas y conceptos en práctica, estará haciendo lo que puede para ayudar a su hijo o hija a practicar con menos resistencia.

Como adulto que ama tocar el violín, no siempre tengo ganas de hacer la práctica propiamente dicha. He escuchado lo mismo de muchos colegas profesionales. Lo que la mayoría de nosotros ama es dar presentaciones, hacer música con otras personas y la sensación de haber mejorado porque practicamos.

No tiene que convencer a su hijo o hija de que la práctica no es difícil, de que a veces no es frustrante ni de que deben amar cada minuto con alegría. En cambio, les enseñamos cómo superar la resistencia ante algo que resulta retador. Eso, lo puedo decir como madre de hijas universitarias, es una destreza que vale la pena desarrollar.

Cuando queremos resultados, ¿cómo los alcanzamos?

Espero que tome en serio las ideas en esta guía, les dé pensamiento a las preguntas al final de cada sección y que las ideas le ayuden de una forma muy práctica. Puede que algunos de los conceptos le ayuden de inmediato y que otros le ayuden con el tiempo.

¡En cualquier caso, espero que empiecen a hacer que la práctica diaria en su casa sea mucho más agradable!

PRÁCTICA POSITIVA

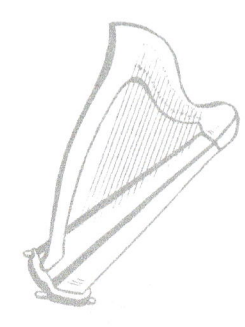

5 pasos para desarrollar en casa el amor por la música

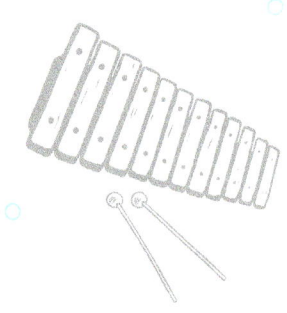
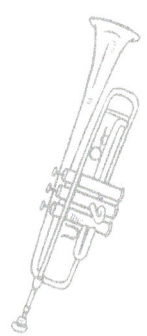

3 ATENCIÓN
¿QUÉ PARTE DE LA PRÁCTICA DE HOY SOSTUVO MÁS LA ATENCIÓN DE SU HIJO O HIJA?

4 ELEGIR EL MOMENTO OPORTUNO
¿LA PRÁCTICA TERMINÓ ANTES DE QUE SU HIJO PIDIERA QUE TERMINARA?

2 ACTITUD
¿PUDO ARRANCAR LA PRÁCTICA SIN UNA LUCHA DE VOLUNTADES CON SU HIJO O HIJA?

1 PLANIFICACIÓN
¿EMPEZÓ LA PRÁCTICA DE HOY CON UN PLAN DE PRÁCTICA CLARO EN MENTE?

5 RESULTADOS
¿CUÁL FUE EL RESULTADO FINAL DE LA PRÁCTICA DE HOY?

PRÁCTICA POSITIVA 1

PLANIFICACIÓN

¿EMPEZÓ LA PRÁCTICA DE HOY CON UN PLAN DE PRÁCTICA CLARO EN MENTE?

PLANIFICACIÓN

¿EMPEZÓ LA PRÁCTICA DE HOY CON UN PLAN DE PRÁCTICA CLARO EN MENTE?

TENGA UN PLAN

Es tentador creer que planificar la práctica es un paso innecesario, que no tenemos tiempo o que simplemente inventaremos las cosas en el camino y obtendremos los mismos resultados. Esto no puede estar más alejado de la realidad.

Tener una intención sobre cómo manejamos las sesiones de práctica predispone a nuestros hijos e hijas para el éxito. Sólo necesita dedicar un minuto o dos a prepararse.

Complete las siguientes oraciones:

Hoy seré: _____ .

Esta es su oportunidad de fijarse una meta para sí mismo. Hoy seré paciente o estaré totalmente presente o sólo seré positivo en mis comentarios. Todos tenemos algo en qué trabajar.

El objetivo principal de nuestra práctica de hoy es: _____ .

Por lo general hay una destreza principal en la que un estudiante está trabajando para mejorar: obtener un sonido hermoso, sostener el instrumento, estar enfocado... Hay muchas posibilidades. Si no está seguro de qué debería ser, por favor pregúntele a su profesor o profesora.

Tres cosas que deberíamos lograr hoy son: _____ .

Quizás tenga toda una lista de cosas qué practicar. ¿Cuáles son las tres primeras para hoy? Cualquier otra cosa que alcancen es ganancia. Fije las prioridades antes de empezar.

PLANIFICACIÓN

UNAS PALABRAS SOBRE CREAR UN ENTORNO MUSICAL

Si nos disponemos a ser fluidos en un segundo idioma, tenemos que ir más allá de tomar una clase y memorizar vocabulario nuevo.

La mejor forma de lograr fluidez es tener muchas conversaciones en ese idioma y sumergirse en una cultura donde no haya otra opción más que aprender el idioma y empezar a comunicarse a través de él.

Estoy bastante segura de que nunca llegaría a tener fluidez en japonés, por ejemplo, si nunca escuchara hablar el idioma a mi alrededor o si sólo lo escuchara de vez en cuando. Una gran parte de que su hijo o hija se mantenga motivado y emocionado con la música es crear un entorno musical en casa.

Escuchar la música que nuestros hijos e hijas están aprendiendo es muy importante para su desarrollo musical. Al igual que lo es escuchar música interpretada por artistas, especialmente en el instrumento que toque su niño o niña.

¿Cuál es el punto de aprender a tocar un instrumento?

¡Hacer música!

Si no estamos desarrollando el amor por escuchar música, hace falta una gran parte. Los estudiantes que desarrollan un interés por un cierto estilo de música, artista o compositor tienen una dosis adicional de motivación para inspirarse.

A menudo los estudiantes quieren aprender a tocar un instrumento porque vieron una presentación o escucharon música que quisieran llegar a tocar algún día. Si este tipo de experiencias fue lo que despertó su interés, es probable que también sea lo que mantenga su interés.

PLANIFICACIÓN

PRÁCTICA POSITIVA 2

ACTITUD

¿PUDO ARRANCAR LA PRÁCTICA SIN UNA LUCHA DE VOLUNTADES CON SU HIJO O HIJA?

2 ACTITUD
¿PUDO ARRANCAR LA PRÁCTICA SIN UNA LUCHA DE VOLUNTADES CON SU HIJO O HIJA?

LA FORMA DE EMPEZAR IMPORTA

Vivimos en una cultura de respuestas inmediatas. Esperamos que las cosas empiecen cuando presionamos un botón. Nos gustan los hornos de microonda y todo lo instantáneo.

A veces cuando decidimos que es momento de pasar de una actividad a otra, queremos que nuestros hijos e hijas reaccionen y se sumen de inmediato. Quizás hasta nos demos una advertencia a nosotros mismos de que ya casi es momento de empezar la práctica, pero olvidamos decírselo a nuestro hijo o hija.

Lo que he aprendido como madre y profesora es que la forma en que hacemos la transición para empezar a practicar hace toda la diferencia.

Cómo empiezas importa mucho.

Algunos niños y niñas tienen muchas más dificultades que otros para dejar una actividad y empezar una nueva. Un principio del que siempre les hablo a los padres de familia es trabajar con la etapa de desarrollo de nuestro hijo o hija y sus necesidades únicas.

Si siempre parece que su hijo o hija debería pasar a la práctica mucho más rápido, quizás necesiten más tiempo de transición.

Este aspecto es especialmente difícil de entender si como padres y madres nos podemos mover de una tarea a otra con facilidad. Por favor recuerde que es normal que esto requiera tiempo. Podemos reducir el conflicto si tan solo le damos tiempo a este proceso.

¿Qué puede hacer para ayudar a que su hijo o hija ingrese al cuarto de práctica listo para practicar? Tengo algunas sugerencias:

ACTITUD

1. Establecer un horario o rutina

Esto es clave. Si su hijo o hija sabe que la práctica siempre es después de la hora de la merienda, por costumbre empezará a prepararse mentalmente con antelación. A veces es necesario variar las horas de práctica dependiendo del día de la semana y de otras actividades. Eso también está bien. Como mínimo, elabora una rutina para cada día para ayudarle a su hijo o hija a hacer la transición.

2. Dar señales anticipadas de advertencia

Podemos decirnos a nosotros mismos, "Ay, ya casi es hora de practicar", pero si no compartimos esa información con nuestro hijo o hija, podemos realmente tomarlos por sorpresa.

Si estoy a medio leer un capítulo de un buen libro o a mitad de una buena conversación, también me sentiría indispuesta de que me pusieran mi instrumento en las manos para practicar.

Hasta cuando pareciera que su hijo o hija no está haciendo nada, pueden estar perdidos en sus pensamientos y necesitar el tiempo de transición. Una advertencia de cinco minutos es una buena idea. Algunos padres usan un cronómetro, que elimina cualquier debate sobre si realmente han pasado cinco minutos o no.

3. Dar alternativas

"Podemos practicar ahora o después de la cena"

"Podemos practicar antes o después de una merienda"

Darle a su hijo o hija una opción más allá de sí o no puede ser una excelente forma para que desarrollen la responsabilidad de su práctica. Si su hijo o hija es mayor, los motivaría a escribir tres objetivos para la práctica de ese día. Lo pueden hacer en una pizarra pequeña o en un cuaderno.

Puede que la transición hacia la práctica involucre organizar sus pensamientos y prepararse a concentrarse en objetivos que ellos ayuden a establecer. Claro, todo esto se debe hacer teniendo en mente las tareas que la profesora o profesor asignó.

ACTITUD

4. Empezar con un juego o actividad de transición

Empezar la sesión de práctica con algo divertido y cautivador es una excelente manera de atraer a su hijo o hija hacia el proceso.

A cada niño le resultan atractivas cosas distintas, pero estas son algunas ideas:

- Compre un juego de tarjetas de aprendizaje de lectura de notas musicales y vean cuántas acierta su hijo o hija en un minuto.

- Con un niño pequeño, empiece con una actividad para la motora fina como juntar un pequeño objeto usando cada vez un dedo distinto de la mano junto con el pulgar.

- Consiga una pelota anti estrés (aún mejor si es una para cada mano) y practiquen hacer un movimiento redondo, apretando. Esto es bueno para la destreza y flexibilidad de los dedos y es muy relajante.

- Trabajen en leer patrones rítmicos (quizás les hayan asignado ya algún material o puede encontrar ideas geniales a través de **MusicMindGames.com**).

¡Las posibilidades son infinitas!

MÁS IDEAS SOBRE CÓMO EMPEZAR

¿Cómo es su hijo o hija cuando hace la transición entre una y otra actividad como la escuela, tareas, hora de dormir, etc.? Pensar sobre cómo ayudarle a hacer la transición entre estas actividades puede ayudarle con estrategias específicas para su niño o niña.

En mi capacitación de Suzuki Educación Temprana (Suzuki Early Childhood), aprendimos sobre la importancia del entorno de práctica. Para aquellos niños y niñas cuyos padres se involucran en las prácticas, USTED, el padre o madre de familia, es el entorno de práctica.

No se trata sólo de la decoración del cuarto o la sala o de limitar las distracciones, sino del entorno emocional. ¿Lo estamos preparando para que sea tranquilo y productivo?

No podemos controlar si nuestros hijos e hijas están de mal humor por practicar. Y no tenemos control alguno sobre asuntos como si durmieron suficiente o tuvieron un mal día.

ACTITUD

PREGUNTAS QUÉ RESPONDER

¿En este momento cuenta con una rutina de práctica?

¿Tiene un sistema para avisarle a su hijo o hija cuando ya casi es hora de empezar la práctica?

¿Qué ideas de esta lección puede implementar en sus tiempos de práctica esta semana?

¿Cuán buena es la transición de su hijo o hija entre actividades?

ACTITUD

¿En este momento cuenta con una rutina de práctica?

_____

_____

¿Tiene un sistema para avisarle a su hijo o hija cuando ya casi es hora de empezar la práctica?

_____

_____

¿Qué ideas de esta lección puede implementar en sus tiempos de práctica esta semana?

_____

_____

¿Cuán buena es la transición de su hijo o hija entre actividades?

_____

_____

PRÁCTICA POSITIVA 3

ATENCIÓN

¿QUÉ PARTE DE LA PRÁCTICA DE HOY MANTUVO MÁS LA ATENCIÓN DE SU HIJO O HIJA?

3 ATENCIÓN

¿QUÉ PARTE DE LA PRÁCTICA DE HOY MANTUVO MÁS LA ATENCIÓN DE SU HIJO O HIJA?

CÓMO PRACTICAMOS

Ya hablamos un poco sobre cómo nosotros, los padres y madres, somos el entorno de práctica para nuestro(s) hijo(s) e hija(s). Ayudamos a establecer el entorno emocional o la sensación de la práctica.

Si la práctica diaria se siente como una batalla, al día siguiente ninguno de nosotros la va a anhelar. Si la práctica (o al menos una pequeña parte de ella) se siente como si pasamos tiempo de calidad juntos y quizás hasta nos divertimos en el proceso, esa es una actividad más atractiva para repetir.

Estos son algunos principios que ayudan a darle forma a una buena sesión de práctica:

Primero, si está trabajando con un niño o niña muy pequeño, especialmente como principiante, la mejor forma de lograr que la práctica funcione es segmentarla en varias sesiones más cortas. La clave es detenerse antes de que su hijo o hija esté "agotado" o pida parar.

Mantenga la práctica corta y animada y déjelos queriendo más. Con el tiempo aumentará el tiempo de práctica. ¡Por ahora, construya una sensación de que la práctica es agradable, corta y divertida!

En el lado opuesto del espectro, si su hijo o hija está en la adolescencia, recomiendo que sean ellos quienes definen con su profesor o profesora la cantidad de tiempo que practicarán y un objetivo acerca de qué lograr.

No se sorprenda si debe recordarles que empiecen a practicar. Mis propios padres me tuvieron que recordar durante toda mi época de secundaria y me alegra tanto que no se hayan rendido y lo hayan seguido haciendo.

Mi principal consejo aquí es: sólo haga comentarios positivos o pregunte. Deje que sea la profesora la que dé la retroalimentación correctiva. También, no dude en contactar a su profesora o profesor si siente que hay algo que deba saber sobre la calidad de la práctica en casa.

# ATENCIÓN

En mi libro *Más allá de la clase de música*[3], entrevisté a la capacitadora de profesores Suzuki, Ann Montzka-Smelser, quien compartió un gran conocimiento sobre este tema. Dijo que a atletas olímpicos se les ha citado diciendo que las palabras más importantes que les dijeron sus padres fueron: "¡Amo verte jugar!"

"Me encanta ver lo duro que estás trabajando".

"Me encanta escucharte tocar tu instrumento".

"Amo ver el progreso que estás teniendo".

Eso es lo que su hijo más necesita escuchar de usted.

Tómelo de una madre que ha criado a dos adolescentes –aunque parezca que desestiman sus comentarios o te voltean los ojos cuando les dices estas cosas, los están tomando en serio. Esto es lo mejor que puede hacer para apoyarlos en el proceso de practicar cuando ya se han adueñado del manejo de qué y cómo practicar.

Mientras todavía esté practicando de forma activa con su hijo o hija, es importante tener en mente qué los motiva.

¿Juegos?

¿Casillas para marcar o una lista qué seguir?

¿Presentaciones futuras?

¿Enseñarle una destreza a alguien más?

Esto lo aprendemos a través de la observación cuidadosa y la prueba y error en el camino.

Esto puede ser especialmente difícil si son muy distintos a usted en la forma en que aprenden y en lo que los motiva. Quizás les encanten los juegos pero a usted le resultan cansados. O quiere incluir juegos pero ellos más bien quisieran seguir tocando su música.

Dedicar tiempo a descubrir qué motiva a su hijo o hija a aprender cosas nuevas vale muchísimo el tiempo y el esfuerzo.

Esta también es una excelente oportunidad para conocer a su hijo o hija de una forma en que muchos padres no lo hacen. Lo que aprenda se puede aplicar a ayudarles a aprender a trabajar

ATENCIÓN

en otras materias de la escuela y alcanzar muchas metas en la vida. Es un conocimiento muy poderoso de poseer.

Para más conocimientos sobre esta temática, recomiendo encarecidamente leer el libro de Michele Horner, *Life Lens: Seeing our Children in Color*[4] *(El lente de la vida: Ver a tus hijos a color)*. Mi co anfitriona, Abigail Peterson, y yo, tuvimos la oportunidad de entrevistarla para nuestro *podcast Beyond the Music Lesson* (Temporada Uno, Episodio 6). Horner da ideas de prácticas específicas para padres y profesores que están diseñadas especialmente para la forma en que un niño o niña aprende mejor.

Un comentario sobre la retroalimentación

Recientemente realicé una encuesta entre más de 100 padres y madres de familia que practican con sus hijos e hijas, sobre cómo es practicar juntos en verdad. Algo que muchos de ellos mencionaron fue lo difícil que es dar retroalimentación a sus hijos e hijas de una forma en que sea bien recibida.

En mi propia experiencia, esta era la parte más difícil de trabajar juntas de manera efectiva. Es fácil que dar retroalimentación provoque conflicto entre padres y sus hijos o hijas durante la práctica.

A veces dejaba en evidencia mi propia frustración y falta de paciencia. Otras veces trataba de señalar algo en lo que había que trabajar con mucho cuidado. Y otras veces sentía que estaba haciendo un cumplido y hasta eso causaba un conflicto.

¿QUÉ PUEDE HACER UN PADRE O UNA MADRE?

No tengo una respuesta mágica para todos, aunque desearía tenerla. Cada niño y niña responde muy distinto y, dependiendo de su madurez y etapa de desarrollo, esto también cambia con el tiempo.

ATENCIÓN

Principios básicos que me gusta que los padres de familia tengan en mente al dar retroalimentación:

Señale aquello de lo cual queremos ver más

Los niños y niñas harán más de cualquier cosa en la que nos enfoquemos. Recomiendo ayudarle a su hijo o hija a darse cuenta de aún las más pequeñas señales de progreso conforme suceden. Es probable que su hijo o hija note los errores y si tienden a frustrarse y a sentir que es "difícil", señalar cualquier poquito de avance que vemos les ayuda a todos los involucrados a sentir que el trabajo duro vale la pena.

Como padres, puede que tengamos que entrenarnos a pensar primero en lo positivo. Es una habilidad que he desarrollado como profesora para poder trabajar de manera más efectiva con los estudiantes y recomiendo que los padres de familia también trabajen en desarrollarla.

Hable sobre el qué y no sobre quién

Aquí les dejo otro consejo que he aprendido de dar clases: si hablo sobre *qué* debe pasar (la muñeca debe permanecer relajada) en vez de *quién* debe hacerlo (tienes que relajar la muñeca), por lo general la respuesta es totalmente distinta.

Podemos dar retroalimentación de manera más efectiva si abordamos de esta forma lo que se debe hacer. Es fácil recibir una respuesta emotiva si nuestro hijo o hija siente que le estamos diciendo que está haciendo algo mal, aún cuando esa no es nuestra intención. Sólo toma un momento reformular de esta forma aquello que vemos que debe ocurrir y puede ser una forma muy efectiva de convertir a la retroalimentación en algo más positivo.

ATENCIÓN

Preste atención a cómo su hijo o hija responde a distintos tipos de retroalimentación

Claro, todo el mundo es un poco distinto. Aquello que a un niño no le molesta en lo más mínimo, en lo referente a la retroalimentación, puede hacer que otro colapse en llanto. Quizás para nosotros, como sus padres, no tenga ningún sentido lógico.

Ya sea que parezca una respuesta razonable o no, estos tipos de reacciones por parte de nuestros hijos e hijas nos dan información acerca de la mejor forma en que reciben retroalimentación.

Concéntrese en trabajar *con* su hijo para obtener el resultado que busca

Durante las clases, me gusta pedirle a los padres y a sus hijos e hijas que se pongan de acuerdo sobre cómo pueden ayudarse entre sí a recordar puntos de práctica específicos. Por ejemplo, a veces inventamos una señal no verbal con la que todos estén de acuerdo. Aún si su profesor o profesora no aborda esto con ustedes, al inicio de la semana puede tener la conversación en casa con su hijo o hija.

"¿Cómo podemos recordar trabajar en esto juntos?"

"¿Qué puedo hacer para recordarte este punto mientras tocas?"

Preguntas como estas abren las puertas a conversaciones sobre qué ayudaría y puede ayudarle a usted, el padre de familia, a estar en el mismo equipo que su hijo o hija, conforme trabajan para que una tarea sea más fácil a lo largo de las prácticas de la semana.

En ese mismo sentido, otro principio importante para trabajar con estudiantes que apenas empiezan a aprender a practicar es hacer muchas preguntas. Creo que recordar eso es muy importante:

La práctica no debe significar que "un adulto me dice qué tengo que hacer".

Hasta con los niños y niñas más dóciles llegará el momento en que topará con resistencia ante este tipo de abordaje. No sólo eso, sino que si queremos que nuestros hijos e hijas lleguen a practicar de manera independiente y efectiva, tienen que aprender a ser parte del proceso de pensamiento que hace que la práctica funcione.

ATENCIÓN

También podemos hacer preguntas como:

- "¿Qué quiere tu profesor que trabajes para esta pieza?"
- "¿Cómo sonó eso?"
- "¿Cómo puedes mejorar esta sección?"
- "¿Eso mejoró?"
- "¿Eso es lo que querías?"

> **Luego de leer esta sección, ¿ve algunos cambios que se deben hacer?**

> **¿Cómo puede cambiar la práctica para fomentar la motivación, la responsabilidad y el interés?**

ATENCIÓN

Aunque a veces a los padres de familia les puede parecer que este tipo de conversación es un desperdicio del tiempo de práctica, no es así. Más bien ayuda a que se responsabilicen y a enseñarles a los niños a pensar con profundidad sobre lo que tocan y lo que quieren mejorar.

Esto ayuda a la práctica y tocar su instrumento se convierte en algo con lo que están profundamente comprometidos, en lugar de algo que los estamos obligando a hacer.

PREGUNTAS QUÉ RESPONDER

Luego de leer esta sección, ¿ve algunos cambios que se deben hacer?

_____

_____

_____

_____

_____

¿Cómo puede cambiar la práctica para fomentar la motivación, la responsabilidad y el interés?

_____

_____

_____

PRÁCTICA POSITIVA 4

ELEGIR EL MOMENTO OPORTUNO

¿LA PRÁCTICA TERMINÓ ANTES DE QUE SU HIJO PIDIERA QUE TERMINARA?

 ELEGIR EL MOMENTO OPORTUNO

¿LA PRÁCTICA TERMINÓ ANTES DE QUE SU HIJO PIDIERA QUE TERMINARA?

TERMINE CON EL INICIO EN MENTE

Hasta ahora hemos hablado sobre cómo empezar la práctica y cómo trabajar con nuestros hijos e hijas mientras practicamos.

Yo argumentaría que la manera en que terminemos la práctica es una de las partes más importantes de este proceso.

Lo más importante que puede hacer para ayudar a crear motivación y reducir conflictos cuando es momento de practicar, es terminar cada sesión con algo divertido y agradable. Esa es la sensación que permanecerá en la mente de su hijo o hija entre la práctica de hoy y cuando sea momento de empezar a practicar mañana.

Hasta músicos profesionales con los que he conversado han hablado sobre cómo el sacar tiempo a diario para tocar algo que realmente aman es una parte crítica de su práctica.

HABLEMOS DE CÓMO PODRÍA SER

Nota: Usted conoce a su hijo o hija mejor que nadie y los llegará a conocer aún más a través del proceso de trabajar juntos. Sugiero que intenten algunas de las ideas de las que voy a hablar, pero también que sean creativos y prueben las suyas propias.

¿Qué hace que su hijo o hija salga del cuarto de práctica con una gran sonrisa en el rostro?

¿Qué sienten ellos que es simplemente divertido de aprender y tocar en su instrumento?

Esto es lo que queremos averiguar. Esta es la zanahoria colgando frente a ellos durante el resto de la práctica y lo que les hará (con el tiempo) emocionarse al pensar en empezar.

Está bien no amar cada parte de la práctica. A menudo cuando les hacemos a los estudiantes ver eso al decirles algo así como: "no te tiene que encantar esta parte pero sí tienes que saber cómo hacerlo", se muestran mucho más tolerantes a trabajar en ello.

ELEGIR EL MOMENTO OPORTUNO

Sin embargo, aquí es importante encontrar un equilibrio al incluir partes de práctica que sean muy divertidas.

Como profesora, sé que los estudiantes deben practicar escalas, trabajar en la producción de sonido y practicar buena técnica. Pero también no estoy bajo la ilusión de que esto es lo que los emociona de la música o lo que los hace amar tocar su instrumento.

Sugerencias para lograr el equilibrio durante la práctica

Deje que su hijo o hija elija la última cosa que van a practicar.

"¿Con qué canción deberíamos terminar hoy?" es una excelente pregunta qué hacer. No hay respuesta errónea. Recuerde, estamos dando impulso para mañana.

Dé tiempo para la improvisación y el juego libre.

Esto resulta de gran motivación para muchos de mis estudiantes. Si tienen la edad suficiente para dejarlos por su cuenta, salga del cuarto y deje que toquen sólo por diversión. Si son menores y requieren de tu supervisión con el instrumento, entonces déjelos que experimenten sin hacer aportes a menos de que se trate de un asunto de seguridad.

Si su hijo o hija tiende a descarrilarse porque esto es lo único que quiere hacer, a menudo el solo prometerles el tiempo al final ayuda a que la parte asignada durante la práctica progrese bien.

ELEGIR EL MOMENTO OPORTUNO

Aprender algo de oído o tiempo para hacer lectura a primera vista.

Deje que su hijo o hija elija algo divertido ya sea para descubrir cómo tocarlo de oído o para hacer lectura a primera vista. Esto debe ser algo que no sea parte de las tareas regulares que les deja el profesor o profesora para las prácticas ni una pieza en la que trabajarán con el profesor o profesora en el futuro.

Por ejemplo, tengo estudiantes que han descubierto la canción de Cumpleaños feliz a puro oído para tocarla ante un familiar o el tema musical de una película favorita. En línea y en tiendas locales de música pueden encontrar toda clase de partituras que su hijo e hija pueden tocar sólo por diversión. Busque qué es emocionante y motivador para ellos.

Repetir una pieza del principio de la práctica que su hijo o hija realmente disfrutó.

Siempre es bueno terminar de forma muy positiva y esta es una manera sencilla de hacerlo. A menudo uso esta técnica en mis clases y la recomiendo mucho.

Pídale a su hijo que le enseñe algo en su instrumento.

Algunos estudiantes se motivan muchísimo al enseñarle una destreza a alguien más. Se emocionan mucho de mostrarte algo que ellos saben y que usted no. Esta puede ser una excelente manera de ayudar a los estudiantes a sentir más confianza en sus habilidades.

De cualquier forma que elija terminar la práctica, la idea es terminar con algo que haga a su hijo o hija sentirse exitoso al mismo tiempo que lo disfruten.

Piénselo como si fuera el postre. Puede tomar alrededor de una semana de hacer esto de manera constante antes de ver un cambio, así que no se rinda si no sucede de inmediato.

ELEGIR EL MOMENTO OPORTUNO

PREGUNTAS QUÉ RESPONDER

¿Cómo han terminado las prácticas antes de ahora?

La mayoría de los días, ¿la práctica termina de una forma muy positiva?

¿Cuáles ideas de esta lección podría implementar para cambiar la dinámica o hacer que el final de cada sesión de práctica sea más positivo?

ELEGIR EL MOMENTO OPORTUNO

¿Cómo han terminado las prácticas antes de hoy?

_____

_____

_____

La mayoría de los días, ¿la práctica termina de una forma muy positiva?

_____

_____

_____

¿Cuáles ideas de esta lección podría implementar para cambiar la dinámica o hacer que el final de cada sesión de práctica sea más positivo?

_____

_____

PRÁCTICA POSITIVA 5

RESULTADOS

¿CUÁL FUE EL RESULTADO FINAL DE LA PRÁCTICA DE HOY?

5 RESULTADOS

¿CUÁL FUE EL RESULTADO FINAL DE LA PRÁCTICA DE HOY?

- Una parte de la música se hizo más sencilla de tocar
- Se mejoró una destreza técnica
- Se produjo un sonido más claro y más hermoso
- Su hijo tocó con más expresión y maestría
- Su hijo se pudo enfocar y concentrar (aunque haya sido por un tiempo corto) al tocar

EVALUACIÓN

Al final de cada sesión de práctica, haga una breve evaluación de lo logrado. Queremos que nuestras sesiones de práctica sean tanto apacibles como productivas.

Si las prácticas están libres de conflicto y su hijo o hija disfruta del proceso, es un excelente punto de inicio. El siguiente paso es asegurarnos de que también estemos mejorando nuestras destrezas. Esta última pregunta le ayudará a mantener esto en mente. Conforme la práctica en su casa empiece a hacerse más fácil, será más fácil concentrarse en los resultados que obtenemos de nuestras sesiones de práctica.

Involucrarse en la práctica con nuestros hijos e hijas puede ser una experiencia intensa.

Todos los padres y madres que conozco y con quienes trabajo quieren que a su hijo o hija le vaya bien, que trabaje bien y tenga éxito.

A veces la forma en que buscamos alcanzar esa meta es muy distinta para nuestros hijos e hijas de lo que habría sido para nosotros cuando éramos jóvenes o de cómo lo visualizamos cuando pensamos en empezar las clases.

Si algo he aprendido sobre la crianza de los hijos, es que podemos tener un enorme impacto en nuestros hijos e hijas si les ayudamos a hacerse su propio camino a través de los retos y

RESULTADOS

con sus fortalezas, en vez de hacerlos encajar en un molde formado por "deberías", "tienes que" y "hay que".

Como padres debemos pensar más allá de lograr completar la práctica de forma eficiente y rápida. En vez, debemos pensar sobre qué le ayuda a nuestro hijo o hija a empezar, cuál abordaje le funciona mejor mientras practica y cómo terminar la práctica para que esté más interesado en regresar mañana a hacerlo de nuevo. No podemos controlar el comportamiento de nuestro hijo o hija en la práctica y no somos responsables de hacer el trabajo por ellos, pero marcamos el tono del entorno de práctica.

¿Nuestros hijos e hijas se sienten comprendidos?

¿Se sienten respetados?

¿Les estamos proporcionando una oportunidad para divertirse con el instrumento al final del día o al menos la mayoría de los días?

¿Se encuentran en un entorno donde escuchan música o ven presentaciones en vivo a menudo?

Como madre y profesora, sé que si bien estas ideas son simples, no siempre son fáciles.

RESULTADOS

Sé que muchos de ustedes están pensando, "¡Si tan solo conociera a mi hijo!". O tal vez desearía haber tenido esta información hace muchos años antes de que se formaran los malos hábitos de práctica. Pero quiero que sepa que no es demasiado tarde. Hasta los profesionales siempre están cambiando y mejorando cómo practican y usted y su familia también pueden hacerlo.

Una gran razón por la que empecé a escribir sobre este tema es porque esa era yo. Me resultaba difícil practicar con mis hijas cuando estaban pequeñas y tenía dificultades tratando de hacerlo todo "correctamente". A veces no me daba cuenta de lo que mis hijas realmente necesitaban para que funcionara para ellas.

Como dije al inicio de esta guía: No puedo prometer que no habrá más conflictos, pero puedo decir que lo que he compartido es lo que he visto funcionar una y otra vez con familias a las que enseño.

No todos los niños y niñas seguirán tocando música cuando lleguen a ser adultos, pero espero que nuestros hijos e hijas amen y aprecien la música cuando lleguen a esa edad. Espero que nos entendamos mejor por haber trabajado de manera tan cercana y espero que sepan lo mucho que amo verlas tocar.

Cualesquiera que sean los objetivos musicales suyos y de su hijo o hija, espero que puedan poner en práctica estas ideas y decir lo mismo. Tiene una oportunidad especial para trabajar muy de cerca con su hijo o hija mediante la música. Espero que pueda empezar a practicar con menos conflicto y tener prácticas más apacibles y productivas después de usar las ideas en esta guía.

¡Les deseo lo mejor!

RESULTADOS

EVALUACIÓN DE PRÁCTICAS

PRÁCTICA POSITIVA: 5 PASOS PARA DESARROLLAR EN CASA EL AMOR POR LA MÚSICA

Las tres páginas siguientes contienen hojas de evaluación que pueden usarse para padres, profesores y practicantes independientes como una forma para medir cómo mejora la práctica con el tiempo.

Puede encontrar PDFs de estas hojas de trabajo para descargar en:

www.Positivemusicpractice.com

Cómo usar la evaluación para padres: repase esta lista de verificación para revisar y mirar con atención la forma en que mejora la práctica.

Le recomiendo hacerlo a diario hasta que la práctica se vuelva más positiva y productiva con regularidad. En ese momento, repase las preguntas al menos cada dos meses. El abordaje hacia la práctica y las necesidades de cada estudiante cambiarán con el tiempo, sin embargo, estas preguntas seguirán vigentes. Si empieza a notar que la práctica se está volviendo más frustrante y menos positiva, es hora de volver a darle una mirada a estas preguntas con regularidad.

Cómo usar la evaluación para profesores: entréguele a los padres de estudiantes con quienes trabaje una copia de la evaluación para que la llenen y la devuelvan. Recomiendo repasar las respuestas juntos. Puede usarla como una parte de charlas entre padres y profesores o para hablar acerca de ella al inicio de una clase, pero el objetivo principal debe ser ayudarles a los padres de familia a encontrar soluciones.

Pedirle a las familias que llenen esta evaluación debería ayudarle a tener un mejor entendimiento de cómo es en realidad la práctica en casa para ellos y le puede ayudar para saber adónde requieren mayor apoyo. Puede ser un excelente tema de conversación que beneficiará a profesores, padres y estudiantes por igual.

Hoja de evaluación para practicantes independientes: También he incluido una evaluación para aquellos estudiantes que practican de manera independiente. La pueden compartir con su profesor o profesora para iniciar una conversación sobre una práctica independiente más efectiva.

EVALUACIÓN

EVALUACIÓN DE PRÁCTICA PARA PADRES

1. ¿Empezó la práctica de hoy con un plan de práctica claro en mente?

    ☐ Sí   ☐ No   ☐ A veces

2. ¿Pudo empezar la práctica sin una batalla de voluntades con su hijo o hija?

    ☐ Sí   ☐ No   ☐ A veces

3. ¿Cuál parte de la práctica de hoy sostuvo más la atención de su hijo o hija?

    _____

4. ¿Terminó la sesión de práctica antes de que su hijo o hija le pidiera terminar?

    ☐ Sí   ☐ No   ☐ A veces

5. ¿Algo de lo siguiente ocurrió como resultado de la práctica de hoy? Marque cada ítem para el que le gustaría recibir más ayuda. (Circule o marque todos los que apliquen).

    - una pieza de música se vuelve más fácil de tocar
    - mejora una destreza técnica
    - se produce un sonido más claro y hermoso
    - su hijo o hija toca con más maestría o expresividad
    - su hijo o hija logra enfocarse (aunque sea brevemente)

EVALUACIÓN

EVALUACIÓN DE PRÁCTICA PARA PROFESORES

1. ¿Empezó la práctica de hoy con un plan de práctica claro en mente?

    ☐ Sí   ☐ No   ☐ A veces

2. ¿Pudo empezar la práctica sin una batalla de voluntades con su hijo o hija?

    ☐ Sí   ☐ No   ☐ A veces

3. ¿Cuál parte de la práctica de hoy sostuvo más la atención de su hijo o hija?

    _____

4. ¿Termina las sesiones de práctica antes de que su hijo o hija le pida terminarlas?

    ☐ Sí   ☐ No   ☐ A veces

5. ¿Algo de lo siguiente ocurre durante la práctica diaria? Marque cada ítem para el que le gustaría recibir más ayuda. (Circule o marque todos los que apliquen).

    - una pieza de música se vuelve más fácil de tocar
    - mejora una destreza técnica
    - se produce un sonido más claro y hermoso
    - su hijo o hija toca con más maestría o expresividad
    - su hijo o hija logra enfocarse (aunque sea brevemente)

EVALUACIÓN

EVALUACIÓN DE PRÁCTICA PARA PRACTICANTES INDEPENDIENTES

1. ¿Empezó la práctica de hoy con un plan de práctica claro en mente?

    ☐ Sí   ☐ No   ☐ A veces

2. ¿Pudo empezar la práctica sin postergaciones o discusiones con sus padres?

    ☐ Sí   ☐ No   ☐ A veces

3. ¿Cuál parte de la práctica de hoy sostuvo más su atención?

    _____

4. ¿Tenía una idea clara de cuándo debía terminar la práctica?

    ☐ Sí   ☐ No   ☐ A veces

5. ¿Algo de lo siguiente ocurrió como resultado de la práctica de hoy? Marque cada ítem para el que le gustaría recibir más ayuda. (Circule o marque todos los que apliquen).

    - una pieza de música se volvió más fácil de tocar
    - mejoró una destreza técnica
    - se produjo un sonido más claro y hermoso
    - tocó con más maestría o expresividad
    - su habilidad para enfocarse aumentó

RECURSOS RECOMENDADOS

LIBROS

Más allá de la clase de música: Los hábitos de las familias Suzuki exitosas de Christine E. Goodner

Helping Parents Practice [Ayudar a los padres a practicar] de Edmund Sprunger

Life Lens: Seeing Our Children in Color [El lente de la vida: Ver a tus hijos a color] de Michele Horner

PODCAST

Beyond the Music Lesson en Apple Podcasts y Overcast

SITIOS WEB

http://www.SuzukiTriangle.com

http://www.ChiliDogStrings.com

http://www.PluckyViolinTeacher.com

AGRADECIMIENTOS

Son tantas las personas que ayudaron a que este proyecto fuera una realidad. Quiero agradecer sobremanera a todos los que me dieron retroalimentación sobre la elección de palabras, conceptos e ideas de esta guía.

Específicamente, gracias a **JEFF GOINS** y a **DEANNA WELSH**: dos de mis mentores que fueron parte integral en ayudarme a convertir este proyecto en realidad.

Gracias a mi editora **LUCIE WINBORNE** por toda su motivación y excelente trabajo. Es un gusto trabajar contigo.

Gracias a la diseñadora de portada y encargada de formato, **MELINDA MARTIN**. Como siempre, hace un trabajo increíble haciendo que mis trabajos se vean profesionales y bellos. Me dio mucho gusto trabajar contigo de nuevo.

Gracias a los siguientes amigos y colegas que me dieron su retroalimentación a lo largo del camino, como: **NEIL FONG GILFILLAN**, **VALENE GOLDENBERG**, **CHRISTY PAXTON**, **ABIGAIL PETERSON**, **ANGEL FALU GARCIA**, **JENNIFER YARBROUGH**, **SWAN KIEZEBRINK** y **NAMRATA SHARMA**.

Gracias a la **COMUNIDAD DEL TRIÁNGULO SUZUKI** por ser un lugar maravilloso para compartir ideas.

Como siempre, un gran agradecimiento a mi esposo **MIKE,** por su apoyo incesante y por ser mi mayor seguidor.

Christine E. Goodner

ACERCA DE LA AUTORA

CHRISTINE GOODNER es profesora de violín y viola, *podcaster* y conferencista en Hillsboro, Oregón. Empezó a tocar el violín a la edad de tres años y crió dos hijas que estudiaron música hasta terminar la secundaria.

Christine es apasionada por ayudarle a padres de familia a encontrar mejores formas de practicar con sus hijos e hijas y apoyarlos en sus estudios de música. También es autora del libro con licencia Suzuki, *Más allá de la clase de música: Los hábitos de las familias Suzuki exitosas* y ha publicado en el *American Suzuki Journal*.

Christine a menudo escribe en blogs, hace *podcasts y* da charlas y talleres sobre temas relacionados con la música. Puede conectarse con ella y su trabajo más reciente en **ChristineGoodner.com**.

CONÉCTESE CON LA AUTORA

SITIO WEB
http://ChristineGoodner.com

CORREO ELECTRÓNICO
Christine@SuzukiTriangle.com

FACEBOOK
https://www.facebook.com/ChristineEGoodner

FUENTES

1. Benjamin Hardy, *Willpower Doesn't Work: Discover the Hidden Keys to Success* (Hatchette Books: New York, New York, 2018).

2. Daniel Coyle, *The Talent Code: Greatness Isn't Born. It's Grown. Here's How* (Bantam Books: New York, New York, 2009).

3. Christine Goodner, *Beyond the Music Lesson: Habits of Successful Suzuki Families* (Brookside Suzuki Strings, LLC: Hillsboro, OR, 2017).

4. Michele Monahan Horner, *Life Lens: Seeing Our Children in Color* (MCP Books: Minneapolis, Minnesota, 2016).

www.ingramcontent.com/pod-product-compliance
Lightning Source LLC
Chambersburg PA
CBHW061145010526
44118CB00026B/2878